BEI GRIN MACHT SICH IHR WISSEN BEZAHLT

Konzeption eines quantitativen Fragebogens, Online-Mitarbeiterbefragung und Mann-Whitney-U-Test

Daline Ostermaier

Bibliografische Information der Deutschen Nationalbibliothek:

Die Deutsche Nationalbibliothek verzeichnet diese Publikation in der
Deutschen Nationalbibliografie; detaillierte bibliografische Daten sind
im Internet über http://dnb.d-nb.de abrufbar.

ISBN: 9783346450081
Dieses Buch ist auch als E-Book erhältlich.

© GRIN Publishing GmbH
Nymphenburger Straße 86
80636 München

Druck und Bindung: Books on Demand GmbH, Norderstedt Germany
Gedruckt auf säurefreiem Papier aus verantwortungsvollen Quellen

Das Buch bei GRIN: https://www.grin.com/document/1038264

Inhaltsverzeichnis

Tabellenverzeichnis

Anlagenverzeichnis

Abbildungsverzeichnnis

Abkürzungsverzeichnis

i. K.   interne Kommunikation

FB   Fragebogen

MB   Mitarbeiterbefragung

OB   Online-Befragung

1. Konzeption eines quantitativen Fragebogens

1.1 Interne Kommunikation bei der Plasterprosp GmbH

Die Firma Plasterprosp ist ein unabhängiges Unternehmen und befindet sich in der Führungsriege von Kunststoffproduzenten, welche sich auf Gartenartikel, wie Pflanzgefäße, Gießkannen, etc. spezialisiert hat. Momentan wird an drei Standorten produziert, in vier polnischen Städten befinden sich Zentralläger sowie Logistikzentren in Deutschland und Tschechien. Am deutschen Standort beschäftigt das Unternehmen 22 Lagermitarbeiter, 9 Büromitarbeiter sowie drei Außendienstmitarbeiter. An den verschiedenen internationalen Standorten sind insgesamt nahezu 1000 weitere Mitarbeiter angestellt. Das Unternehmen wird von zwei Geschäftsführern geleitet, die zwischen den verschiedenen Standorten pendeln.

Wie sich kürzlich in Mitarbeitergesprächen am deutschen Standort herausstellte, erleben die Mitarbeiter der Plasterprosp GmbH zunehmend Defizite in der Kommunikation, insbesondere auf internationaler Ebene. Neben der räumlichen Distanz kommen Kommunikationsschwierigkeiten aufgrund unterschiedlicher Landessprachen hinzu. Ferner fühlen sich die Mitarbeiter teils zu wenig über übergreifende Ziele und Strategien informiert und wünschen sich mehr Transparenz und Orientierung.

Die Geschäftsführung entwickelte nun u. a. Bedenken in Hinsicht auf das Vertrauen der Belegschaft in das eigene Unternehmen. Darüber hinaus werden gut informierte und interaktive Mitarbeiter als ein entscheidender Erfolgsfaktor eines Unternehmens angesehen. (Ebert, 2019, S. 165) Damit die interne Kommunikation als strategisches Instrument der Unternehmensführung in Zukunft gezielt eingesetzt werden kann, soll zunächst erfasst werden, inwiefern die interne Kommunikation tatsächlich leidet und ob mögliche Verbesserungen nur in bestimmten Bereichen, an einzelnen Standorten oder insgesamt notwendig bzw. angebracht sind. Hierfür soll eine Vollerhebung aller Mitarbeiter der Plasterprosp GmbH, die nicht der Führungsriege angehören, durchgeführt werden und die Interne Kommunikation mittels eines schriftlichen Fragebogens erfasst werden. Die Ergebnisse des Fragebogenverfahrens sollen einen Überblick über die aktuelle Situation im Unternehmen und konkrete Ansatzpunkte für Veränderungen liefern.

1.2 Das Konstrukt der „internen Kommunikation"

Da es sich bei der internen Kommunikation (i. K.) um ein nicht unmittelbar beobachtbares Phänomen handelt, soll an dieser Stelle zunächst klar definiert werden, welche relevanten Aspekte und Teilbereiche das Konzept umfasst. Im Rahmen der folgenden Ausführungen soll außerdem auf die dimensionale Analyse der i. K. nach Klein, Ringlsletter und Oelert eingegangen werden, welche als Grundlage für die Operationalisierung des Konstrukts dienen soll.

Grundlegend bezieht sich die i. K. auf bewusst gestaltbare Kommunikationsprozesse, wobei Management- und kulturspezifische Prozesse unterschieden werden. Im Rahmen der Managementprozesse kommt der i. K. vor allem die Aufgabe zu, das Unternehmen vor dem Hintergrund eines organisatorischen Wandels auf Veränderungen vorzubereiten. (Klein, Ringlsletter & Oelert, 2001, S. 161-162)

Ein wichtiges Prinzip der i. K. ist die Mobilisierung. Die Steuerung und Kanalisierung von Informationsflüssen und Kommunikation im gesamten Unternehmen ermöglicht einen bedarfsgerechten Informationsaustausch zwischen Management und Mitarbeitern. Überdies stellt die Mobilisierung die Vorrausetzung für eine Teilnahme an Veränderungsprozessen da. Daneben ist es sinnvoll die i. K. auf Basis einer „Top-down-Orientierung" zu konzipieren, da Veränderungsprozesse meist von Entscheidungen und Handlungen des Top-Managements abhängig sind. (Klein, Ringlsletter & Oelert, 2001, S. 161-162)

Das Aufgabenfeld der i. K. kann als Sender-Empfänger-Matrix strukturiert werden, wobei entsprechend der Top-Down-Orientierung zwischen Management und Mitarbeitern differenziert wird. (Klein, Ringlsletter & Oelert, 2001, 162-163) Diese Zielgruppen ergeben in einer Gegenüberstellung insgesamt die vier Kommunikationsfelder Management-Kommunikation, Weiterkommunikation, Rückkopplung und Bereichsübergreifende Kommunikation:

Sender / Empfänger	Management	Mitarbeiter
Management	Management-kommunikation	Weiterkommunikation
Mitarbeiter	Rückkopplung	Bereichsübergreifende Kommunikation

Tab. 1   Kommunikationsmatrix
(Quelle: eigene Darstellung; in Anlehnung an: Klein, Ringlsletter & Oelert, 2001, S. 163)

Damit Kommunikationsprozesse innerhalb der einzelnen Kommunikationsfelder stattfinden können, wird sich sog. Kommunikationsinstrumente bedient. Diese lassen sich in Arenen (z. B. Sitzungen, Besprechungen) und Medien (z. B. Rundschreiben, Intranet, Protokolle, Magazine) unterteilen, wobei auch formale Festlegungen, wie Regularien für Arenen (z. B. Teilnehmer, Themen, Turnus, Termin) und Formate für Medien (z. B. Inhalte, Design, Struktur, Verteiler) berücksichtigt werden sollten. (Klein, Ringlsletter & Oelert, 2001, S. 163)

Hinter dem Feld der „*Managementkommunikation*" verbirgt sich die Kommunikation des Managements untereinander, welche eine wichtige Voraussetzung für alle weiteren Kommunikationsprozesse im Unternehmen darstellt. Mögliche Arenen sind je nach Funktion Arenen für Entscheidungen (z. B. Vorstandssitzungen) oder Beratung (z. B. Strategiesitzungen). Relevant in diesem Zusammenhang sind insbesondere Output-Medien (z. B. Ergebnisprotokolle), da sie neben Dokumentationszwecken auch zur Weiterkommunikation (Management zu Mitarbeiter) genutzt werden. Output-Medien sind somit als Bindeglied zwischen den beiden Kommunikationsfeldern *„Managementkommunikation"* und *„Weiterkommunikation"* zu verstehen. Diese Schnittstelle erlaubt einerseits, dass Mitarbeiter über Kommunikationsinhalte der Managementkommunikation aufgeklärt werden und andererseits, dass sich betroffene Mitarbeiter an das Vorhaben bzw. die Zielsetzungen des Managements anpassen können.

Das Kommunikationsfeld *„Rückkopplung"* stellt den Gegenspieler der *„Weiterkommunikation"* dar und umfasst die Informations- und Kommunikationskanäle von den Mitarbeitern zum Management. Zur Umsetzung sind eine direkte Interaktion (im Sinne eines dialogischen Austauschs), fremdinitiierte Reaktionen der Mitarbeiter (z. B. Umfragen, Kurz-Panels) oder eigeninitiierte Reaktionen der Mitarbeiter (z. B. E-Mail-Kanal, Intranetforen) sinnvoll. (Klein, Ringlsletter & Oelert, 2001, S. 165)

Ergänzend zur vertikalen managementorientierten Kommunikation schließt die i. K. auch die *„Bereichsübergreifende Kommunikation"* mit ein, welche auf horizontaler Ebene stattfindet. Hiermit ist also die Kommunikation zwischen den Mitarbeitern verschiedener Bereiche gemeint, wobei drei inhaltliche Ebenen differenziert werden: Kommunikation mit unmittelbarem Aufgabenbezug (z. B. Datenbanken, Meetings) dient der Optimierung des Informationsflusses und -austausches. Kommunikation mit mittelbarem Aufgabenbezug deckt den Aufbau von Wissenspotentialen ab (z. B. Kaffeeecken, open-space-meetings). Kommunikation ohne direkten Aufgabenbezug (z. B. Unternehmensberichte, Unternehmenszeitschriften) fördert schließlich ein Gesamtverständnis der Geschehnisse im Unternehmen (Klein, Ringlsletter & Oelert, 2001, S. 166).

Tab. 2 fasst die Dimensionen, Kategorien und Indikatoren des Konstrukts der i. K. in Form eines Strukturbaums zusammen:

Dimensionen	Kategorien	Indikatoren
Management zu Mitarbeiter	Art der weitergegebenen Informationen	Offizielle Beschlüsse
		Ergebnisprotokolle
	Weitergabe an alle Mitarbeiter	Mündliche Besprechungen
		Intranet
		Interne Zeitung
		Newsletter
		Bilaterale Gespräche

	Weitergabe an einzelne Mitarbeiter	E-Mail
		Rundschreiben über spezifische Verteiler
Mitarbeiter zu Management	Institutioneller Austausch	Präsenz des Managements bei Veranstaltungen
		Regelmäßige Umfragen
		Feedback-Schleifen
	Eigeninitialisiertes Feedback	E-Mail
		Intranet
		Klassisches betriebliches Vorschlagswesen
Bereichsübergreifende Kommunikation	Mit Aufgabenbezug	Datenbank
		Intranet
		Informationsmanagementsystem
		Meetings
		Besprechungen
	Mit mittelbarem Aufgabenbezug	Kaffee-Ecke
		Open Space Meetings
	Ohne Aufgabenbezug	Unternehmensberichte
		Unternehmenszeitschrift

Tab. 2   Ergebnisse der dimensionalen Analyse des Konstrukts der internen Kommunikation
(Quelle: eigene Darstellung; in Anlehnung an die Aufgabenstellung)

1.3 Konzeption des standardisierten Fragebogens

Der Fragebogen (FB) als Datenerhebungsmethode ist eine „Sammlung von Fragen, die meist in einer Liste zus.gestellt und für eine systematische Befragung von Personen konzipiert ist." (Häcker, 2020, S. 626) Ein FB dient zur Sammlung von Informationen über einen Befragungsgegenstand mithilfe der Beurteilung durch Personen. (Häcker, 2020, S. 626), in diesem Fall also über die i. K in der Plasterprosp GmbH. Für die Konzeption des FB wird auf die dimensionale Analyse des Konstrukts, welche in Tab. 2 zusammengefasst ist, zurückgegriffen. Die daraus abgeleiteten Indikatoren sollen nachstehend in möglichst valide Fragen operationalisiert werden. (Fietz & Friedrichs, 2019, S. 814) Da die Aufgabenstellung ein quantitatives Forschungsdesign vorsieht, ist die vollstrukturierte schriftliche Befragung auf Basis eines standardisierten FB die Methode der Wahl. Im Folgenden soll nun genauer auf die Konzeption des genannten FB eingegangen werden.

Bei der Erstellung eines standardisierten FB sollten stets wissenschaftliche Gütekriterien berücksichtigt werden, um ein möglichst aussagekräftiges Instrument zu entwickeln. (Döring & Bortz, 2016, S. 405) FB bestehen i. d. R. aus dem Fragebogentitel, der Fragebogeninstruktion, den inhaltlichen Frageblöcken, statistischen Angaben, einem Fragebogenfeedback sowie einer Verabschiedung. (Döring & Bortz, 2016, S. 407) Der FB aus Anl. 1 ist gemäß dieser Bestandteile konzipiert. Beim Layout des FB sollte insgesamt auf ein durchgehend ansprechendes und übersichtliches Design sowie eine gut lesbare Formatierung geachtet werden, da dies Professionalität ausstrahlt und so zu mehr Akzeptanz von Seiten der Befragungspersonen führt. (Döring & Bortz, 2016, S. 409) Das Deckblatt des FB soll das Interesse der Zielperson wecken (Häder, 2015, S. 246) und enthält neben dem Titel der Befragung, u. a. Name und Anschrift des Unternehmens sowie die ausgewählte Ansprechpartnerin für mögliche Rückfragen. (Porst, 2014, S. 37) Ein thematisch passendes Titelbild soll zusätzlich die Seriosität der Befragung unterstreichen und zur Teilnahme motivieren. (Fietz & Friedrichs, 2019, S. 821) Die Fragebogeninstruktion enthält eine Erläuterung der Zielsetzung der Untersuchung, wobei die teilnehmende Person auch auf den persönlichen Nutzen der Befragung für sie aufmerksam gemacht wird. Ferner wird auf die Anonymität der Teilnehmer, den Ablauf der Befragung und die Ansprechperson für Rückfragen hingewiesen. (Fietz & Friedrichs, 2019, S. 822) Die darauffolgenden „Hinweise zum Ausfüllen des Fragebogens" dienen dazu, den Befragungspersonen alle Aufgaben des FB anschaulich zu demonstrieren. (Porst, 2014, S. 47) Der FB schließt mit einer Danksagung bzw. Verabschiedung und einem Feld für Feedback ab. Der folgende Absatz widmet sich schließlich dem Kern des FB, den inhaltlichen Frageblöcken.

Die inhaltlichen Fragen sind in die drei Themenblöcke „Teil A: Kommunikation von Management zu Mitarbeitern", „Teil B: Kommunikation von Mitarbeitern zu Management" und „Teil C: Übergreifende Kommunikation" gegliedert, wobei die einzelnen Blöcke zur Übersichtlichkeit durch mehrere Zwischenüberschriften unterteilt sind. (Döring & Bortz, 2016, S. 406) Wie für einen standardisierten FB üblich, handelt es sich bei den Fragen überwiegend um geschlossene Fragen (z. B. Frage 1) mit vorgegebenen Antwortkategorien, sodass die Befragten die zutreffenden Antwortalternativen selbstständig auswählen können. (Döring & Bortz, 2016, S. 405) Geschlossene Fragen haben den Vorteil, dass sie leicht zu bearbeiten sind und gleichzeitig schnell und einfach ausgewertet werden können. Dennoch werden an ausgewählter Stelle halboffene Fragen (z. B. Frage 3) eingesetzt, d. h. den eigentlich geschlossenen Fragen wird die Antwortalternative „Sonstiges" angehängt. Somit kann die Befragungsperson eine individuelle Antwort handschriftlich eintragen, sofern die anderen Antwortoptionen nicht passend oder ausreichend sind. (Porst, 2014, S. 57) Fragen, bei welchen eine Mehrfachnennung zugelassen ist, sind außerdem durch Hinweise gekennzeichnet und ermöglichen den Befragten alle Antwortoptionen auszuwählen, die zutreffend sind. (Porst, 2014, S. 54)

Bei der Operationalisierung der Indikatoren wird zwischen Einzelitems (ein Merkmal wird mithilfe eines einzelnen Items gemessen) und psychometrischen Skalen (ein Merkmal wird mithilfe mehrerer ähnlicher Items gemessen) unterschieden. Psychometrische Skalen werden insbesondere dann eingesetzt, wenn z. B. komplexe Konstrukte erfasst werden sollen. (Döring & Bortz, 2016, S. 407) Zwar wurden im FB aus Anl. 1 zu jeder Kategorie (z. B. „Art der weitergegebenen Informationen") durchaus mehrere Items bzw. Fragen erstellt, doch konnten spezifische relevante Merkmale (z. B. „Zufriedenheit mit der Art der weitergegeben Informationen") i. d. R. mit Einzelitems abgedeckt werden.

Bezüglich des Skalenniveaus lässt sich sagen, dass der FB hauptsächlich aus Fragen mit mehrstufigen Nominal- und Ordinalskalen besteht, wobei alle Skalenpunkte der Ordinalskalen mit einer verbalen Benennung gekennzeichnet sind. Dies erhöht die Reliabilität (Franzen, 2019, S. 848) und erleichtert den Befragungspersonen die Beantwortung, da nicht über die Bedeutung der Skalenpunkte nachgedacht werden muss. (Porst, 2014, S. 81) Darüber hinaus verfügen die Ordinalskalen, die beispielsweise Zufriedenheit abfragen, bewusst über eine ungerade Anzahl an Skalenpunkten. Die Befragten haben so eine Mittelkategorie zur Verfügung und werden nicht gezwungen sich für eine Seite zu entscheiden. (Franzen, 2019, S. 848; Porst, 2014, S. 84)

Die Reihenfolge der Items ist zunächst durch die inhaltlichen Blöcke vorgegeben, sodass eine logische Abfolge der Fragen entsteht. Die Befragten können sich so in jedes Thema einfinden und müssen gedanklich nicht zwischen verschiedenen Themen springen. Zu diesem Zweck wurde auch darauf geachtet nicht ständig zwischen unterschiedlichen

Antwortformaten zu wechseln. (Döring & Bortz, 2016, S. 406) Die Fragensukzession ist überdies an die Motivation der Befragten anzupassen, sodass gerne mit sog. Eisbrecherfragen begonnen wird (vgl. Frage 1), welche spannend, themenbezogenen und gleichzeitig die Person betreffend gestaltet sein sollten. (Reinhardt & Ornau, 2015, S. 22) Daneben wird empfohlen demografische Fragen an das Ende des FB zu stellen, da diese z. T. als langweilig oder uninteressant empfunden werden und so die Motivation negativ beeinflussen können. (Porst, 2014, S. 147) Da eine schrittweise Abfolge von allgemeineren zu spezielleren Fragen vorgenommen wurde, gibt es bestimmte Fragen, welche nicht alle Befragungspersonen betreffen. Um bestimmte Teilgruppen für die speziellen Fragen „herauszufiltern" sind an ausgewählter Stelle Filter eingebaut, die den Befragten die Anweisung geben einzelne Fragen zu überspringen. (Reinhardt & Ornau, 2015, S. 23)

Die Fragen sind grundlegend möglichst einfach und verständlich formuliert, um keine zu hohen Anforderungen an die mentale oder kognitive Leistungsfähigkeit der Befragten zu stellen. Hierzu wurde u. a. auf Fachbegriffe und Fremdwörter oder lange und verschachtelte Sätze verzichtet. (Hussy, Schreier & Echterhoff, 2013, S. 76) Des Weiteren sollten unbedingt Suggestivfragen, hypothetische Fragen sowie doppelte Stimuli oder Verneinungen vermieden werden. (Porst, 2019, S. 833-835) Da es sich um eine internationale Befragung handelt, muss der FB in verschiedene Sprachen übersetzt werden. Um eine sinngemäße Übersetzung der Frageitems zu gewährleisten, sollte hierbei ein Muttersprachler zur Kontrolle eingesetzt werden. (Döring & Bortz, 2016, S. 409)

1.4 Vorgehen im Rahmen der empirischen Untersuchung

Ein empirisches Projekt, ob Grundlagenforschung oder Anwendungsforschung, besteht i. d. R. aus insgesamt fünf Phasen: Zu Beginn steht die Erstellung eines Projektplanes, also die Formulierung und Präzisierung des Forschungsproblems. In einem nächsten Schritt wird die Erhebung geplant und vorbereitet, wobei das Untersuchungsdesign und die benötigten Erhebungsinstrumente ausgearbeitet werden. Es folgt die dritte Phase, die eigentliche Erhebung der Daten im Feld, die bei quantitativen Studien mit der Erstellung

14

eines maschinenlesbaren Datensatzes endet. Die Datenauswertung sowie die Berichterstattung und Dokumentation bilden letztlich die vierte und fünfte Phase. (Häder, 2015, S. 70-71) Im Folgenden sollen die wichtigsten Aspekte mit Fokus auf die drei ersten Phasen aufgegriffen werden und auch die bisherigen Ergebnisse in den Forschungsprozess eingeordnet werden.

Die Erforschung der i. K. in der Plasterprosp GmbH ist am ehesten der Evaluationsforschung zuzuordnen. Daraus geht hervor, dass es sich um eine praxisnahe Anwendungs- und Auftragsforschung handelt, sodass das Forschungsthema und die Forschungsprobleme bereits von den Auftraggebern (in diesem Fall von den Geschäftsführern) vorgegeben werden. (Döring, 2019, S. 174) Kap. 1.1 erläutert hierzu den Unternehmenskontext und das Motiv der Untersuchung.

Um das Erhebungsinstrument zu konstruieren, wurde das Konstrukt der i. K. zunächst spezifiziert (vgl. Kap. 1.2) und anschließend operationalisiert (vgl. Kap. 1.3), d. h. einer Messung zugänglich gemacht. (Stein, 2019, S. 127) Der daraus resultierende standardisierte FB soll für eine vollstrukturierte schriftlich-postalische Befragung eingesetzt werden. Da es sich hierbei um eine Mitarbeiterbefragung (MB) handelt, besteht die Grundgesamtheit aus allen Mitarbeitern der Plasterprosp GmbH, die nicht dem Management angehören. Die Auswahl einer Stichprobe ist nicht nötig, da eine Vollerhebung für die Befragung als sinnvoll und angebracht erachtet wird. Die Grundgesamtheit ist bei MB überschaubar und es besteht die Möglichkeit alle Elemente der Grundgesamtheit zur Teilnahme zu motivieren. (Häder & Häder, 2019, S. 334; Borg, 2019, S. 921)

Um alle Elemente der Grundgesamtheit zielsicher zu erreichen, sollen die FB aktiv von den jeweiligen Führungskräften der verschiedenen Abteilungen an jeden der Mitarbeiter ausgehändigt werden. Zwar ist dies deutlich aufwendiger als eine postalische Versendung, doch soll durch das direkte Aushändigen ein persönlicherer Charakter erzeugt werden, welcher die Motivation der potenziellen Befragungspersonen für die Teilnahme an der Untersuchung steigern soll. Die FB enthalten für die postalische Rücksendung außerdem einen frankierten Rückumschlag, sodass der Aufwand für die Teilnehmenden möglichst minimal ist. (Häder, 2015, S. 247)

Beim Untersuchungsdesign handelt es sich um eine Querschnittsuntersuchung. Es findet lediglich eine „einmalige und gleichzeitige Messung aller für das Forschungsvorhaben relevanter Merkmale" statt. (Stein, 2019, S. 132) Vor der eigentlichen Datenerhebung sind außerdem FB-Pretests zur Qualitätssicherung und Optimierung des

Erhebungsinstruments und des gesamten Designs durchzuführen. (Weichbold, 2019, S. 349) Es soll eine Kombination aus einem qualitativen Pretest und einer Fragebogenkonferenz eingesetzt werden. Zunächst beraten sich Fachkollegen bzw. Experten über das Instrument. Anschließend werden ausgewählte Personen der Grundgesamtheit (die später von der Haupterhebung ausgeschlossen werden) nach der Bearbeitung des FB im Rahmen eines qualitativen Interviews um Feedback gebeten. (Döring & Bortz, 2016, S. 411) Ist die eigentliche Erhebung abgeschlossen, sollte im Folgenden auch der FB-Rücklauf erfasst und dokumentiert werden, sodass niedrige Rücklaufquoten durch gezielte Nachfassaktionen erhöht werden können. (Döring & Bortz, 2016, S. 411-412)

Zuletzt erfolgen die Datenauswertung, die Berichterstattung und die Dokumentation, wobei auf jene Aspekte im Rahmen dieser Teilaufgabe nicht näher eingegangen werden soll.

2. Online-Mitarbeiterbefragung

Das international tätige Unternehmen „Internatio" mit mehreren nationalen und internationalen Niederlassungen gibt die Konzeption eines FB für eine Mitarbeiterbefragung (MB) in Auftrag. Die Datenerhebung soll laut dem Vorstand mittels einer Online-Befragung (OB) stattfinden, wobei die Stichprobengröße 1.000 Mitarbeiter betragen soll. Im Folgenden wird zunächst abgewägt, welche Methoden der Rekrutierung in Frage kommen und welches Vorgehen dem Vorstand empfohlen werden könnte. Anschließend werden die Vor- und Nachteile einer OB im Vergleich zu einer papierbasierten Befragung diskutiert, wobei ebenso auf die Besonderheiten bei der technischen Umsetzung einer OB eingegangen werden soll.

2.1 Stichprobenrekrutierung

Für die Stichprobenziehung von OB kommen grundsätzlich die aktive und die passive Rekrutierung in Frage.

Die aktive Rekrutierung wird umgesetzt, indem aussagekräftig formulierte Einladungen entweder per E-Mail und ferner auch per SMS oder Brief an die jeweiligen Personen gesendet werden, um diese zur Teilnahme zu bewegen. Vorrausetzung ist selbstverständlich, dass die E-Mail-Adressen der Zielgruppe zumindest teilweise bekannt sind. (Thielsch & Brandenburg, 2012, S. 115) Eine weitere Möglichkeit der aktiven Rekrutierung ist der Rückgriff auf Online-Panels. Diese, von Feldinstituten zur Verfügung gestellten, Online-Panels beinhalten eine große Sammlung an E-Mail-Adressen von Personen, die sich für Untersuchungen bereitstellen. Soweit die E-Mail-Adressen der Zielgruppe bekannt sind, kann zur aktiven Ansprache auch die sog. Snowball-Technique angewendet werden. Hierbei werden zunächst Einladungsmails an die Zielgruppe versendet, wobei die Empfänger der Einladungsmails dazu aufgefordert werden diese auch an andere Personen weiterzuleiten. (Thielsch & Brandenburg, 2012, S. 116)

Für die passive Rekrutierung wird meist ein Einladungstext mit einem Link hinterlegt, welcher wiederum in einer Webseite oder in einem Web-Forum integriert ist. Dieser Link kann ebenso über Social-Media-Plattformen wie z. B. Facebook oder auch über

Newsgroups geteilt werden, um die gewünschte Reichweite zu erzielen. Neben der Online-Rekrutierung ist auch die Ansprache der Zielpersonen mithilfe von Aushängen oder das Verteilen von Handzetteln bzw. Flyern gängig. (Thielsch & Brandenburg, 2012, S. 116) Tab. 3 stellt die Optionen der aktiven und passiven Rekrutierung zusammenfassend dar.

Aktive Rekrutierung	Passive Rekrutierung
Einladung via E-Mail (über Adresslisten oder Mailinglisten), per SMS oder Brief	Hinweise auf Websites, Hinweise in anderen Online-Befragungen
Online-Panel	Online-Foren, Social Media-/ Web 2.0-Anwendungen, Newsgroups
Snowball-Technique	Aushänge, Handzettel, Flyer

Tab. 3   Optionen der aktiven und passiven Stichprobenrekrutierung
(Quelle: eigene Darstellung; in Anlehnung an: Thielsch & Brandenburg, 2012, S. 116)

Der Hauptunterschied zwischen den beiden Methoden der Rekrutierung liegt darin, dass bei der aktiven Stichprobenziehung das Institut weitestgehend selbst entscheidet, wer gebeten wird an der Befragung teilzunehmen. (Reinhardt & Ornau, 2015, S. 28) Im Gegensatz dazu liegt bei der passiven Rekrutierung die Entscheidung zur Teilnahme komplett beim Leser der jeweiligen Informationen bzw. Hinweise. (Thielsch & Brandenburg, 2012, S. 116) Durch diese Selbstselektivität entstehen oftmals Verzerrungen der Stichprobe, u. a. da „dadurch ‚professionelle' Befragungsteilnehmer gewöhnlich überrepräsentiert sind." (Reinhardt & Ornau, 2015, S. 28) Außerdem können Nicht-Teilnehmer bei passiven Methoden durch die fehlenden Adressdaten nicht direkt erneut an die Teilnahme erinnert werden bzw. dazu aufgefordert werden. Bei der aktiven Rekrutierung können daneben leicht Erinnerungsmails an die bekannten Adressen versendet werden. Ein weiterer wichtiger Aspekt ist die Repräsentativität der Stichprobe, auf die bei selbstselektierten Rekrutierungsmethoden kein Anspruch besteht (Reinecke, 2019, S. 727), da die Zusammensetzung der Stichprobe schlecht beeinflussbar ist. Die aktive Rekrutierung bietet hier die Möglichkeit die Stichprobe schon bei der Einladung zu quotieren, um beispielsweise eine repräsentative Schichtung der Befragten zu erzielen. (Thielsch & Brandenburg, 2012, S. 116) Weitere Punkte sprechen für eine aktive Form der Rekrutierung: Da die Befragten direkt angesprochen werden und alle Mitglieder der

Zielgruppe die gleiche Teilnahmechance haben, erhöht sich insgesamt die Teilnahmebereitschaft und Akzeptanz der Befragung. Des Weiteren kann nach der Erhebung die sog. Ausschöpfungsquote angegeben werden, welche den Anteil der Personen einer Stichprobe beschreibt, mit denen ein Interview bzw. eine Befragung durchgeführt werden konnte. (Wübbenhorst, 2018a) Dies wird als wichtigstes Kriterium zur Beurteilung der Güte einer Stichprobe angesehen. (Knapp, 2004, S. 7)

Insgesamt sprechen deutlich mehr Aspekte für eine aktive Rekrutierung, sodass die passive Form nur in Frage kommen sollte, sofern keine Adresslisten der Zielgruppe vorliegen oder der Zugriff z. B. durch finanzielle, zeitliche oder andere Bedingungen nicht möglich ist. Da im Rahmen einer MB oftmals vollständige Adresslisten bzw. Mailinglisten der Mitarbeiter zur Verfügung stehen (Thielsch & Brandenburg, 2012, S. 115; Theobald, 2017, S. 297), scheint die aktive Rekrutierung mittels Einladungsmails die richtige Wahl für die Online-Mitarbeiterbefragung im Beispielunternehmen zu sein. Dabei kann die schon angesprochene repräsentative Schichtung, insbesondere unter Berücksichtigung der verschiedenen nationalen und internationalen Standorte, erreicht werden.

2.2 Online-Befragung vs. papierbasierte Befragung

Die OB ist die Befragung unter Benutzung des Internets. (Wübbenhorst, 2018b) Somit unterscheidet sich die OB von anderen Befragungsmodi der standardisierten Befragung durch das von Ihnen genutzte Medium: das Internet. Dieses Hauptmerkmal birgt zwar einige Besonderheiten und teils sogar Schwierigkeiten, doch bietet im Vergleich zu papierbasierten Befragungen sehr viele Möglichkeiten und Chancen. Im Folgendem sollen die Vor- und Nachteile der OB im Vergleich zu einer klassischen papier-basierten Befragungsmethode diskutiert werden, um Personen aufzuklären, die die papierbasierte Variante bevorzugen oder Bedenken gegenüber der OB haben. Anschließend wird knapp auf die technischen Besonderheiten bei einer OB hingewiesen.

Ein erster Punkt, der für die OB spricht, ist die Ökonomie dieser Befragungsform. Insbesondere bei großen Stichproben ist die Zeiteffizienz bei der Erhebung, Auswertung und Präsentation der Daten ein gewichtiger Aspekt. Zwar ist ggf. die Programmierung der Online-Untersuchung nötig und es kann ein zusätzlicher Aufwand für die Einarbeitung in die Befragungssoftware anfallen, doch entfallen dafür einige vergleichsweise zeitintensivere Aspekte. Aufwand kann gespart werden, indem Schritte wie Druck, Austeilung, Kodierung von Fragebögen sowie Dateneingaben wegfallen. Auch die Kosten, die bei der papierbasierten Befragung für die Einladungen, den Fragebogenversand und die Erinnerungsmails anfallen, sind oft kostengering oder sogar kostenlos. (Wagner-Schelewsky & Hering, 2019, S. 789) OB sind darüber hinaus zeitlich und räumlich unabhängig, sodass simultane Erhebungen möglich sind, selbst wenn Befragungspersonen weit voneinander entfernt sind. (Schelewsky, 2019, S. 788)

Eine Besonderheit von Online-Befragungen sind die technischen Möglichkeiten. So ist es ohne großen Aufwand möglich multimediale Inhalte zu integrieren und darzubieten, etwa Bilder, Audioelemente oder Videos. Auch interaktive Fragebogenelemente (Schieberegler, etc.) können eingesetzt werden, um z. B. die Motivation der Teilnehmer zusätzlich zu steigern oder Missverständnisse zu verhindern. (Wagner-Schelewsky & Hering, 2019, S. 788) Hierzu ist allerdings auf die eher seltenen, aber möglichen technischen Probleme hinzuweisen, welche z. B. bei veralteter Hard- bzw. Software aufkommen können. Da es sich im Beispielszenario aber um eine MB handelt, bei der die Befragungspersonen i. d. R. während der Arbeitszeit am Computer des eigenen Arbeitsplatzes antworten, sollte dieses Risiko ausgeschlossen werden können. (Thielsch & Weltzin, 2013, S. 80-81) Gleichzeitig kann so die gesamte Zielgruppe erreicht werden, da auch ältere Personen oder Personen, die sich im privatem Bereich nicht online aufhalten, Zugriff auf den Computer Ihres Arbeitsplatzes haben.

Ein Nachteil der OB, welcher bei Online-Mitarbeiterbefragungen ebenso seltener gegeben ist, ist die geringe Kontrolle über die Durchführungsbedingungen der Datenerhebung und die unklare Identität der Befragten. (Thielsch & Weltzin, 2013, S. 80) Um in diesem Kontext Mehrfachteilnahmen auszuschließen, sollte ein personalisierter Login mittels Passwort eingerichtet werden. (Reinhardt & Ornau, 2015, S. 34) Positiv anzumerken ist in diesem Bereich die Automatisierbarkeit der Datenerfassung, sodass Fehlerquellen durch die manuelle Dateneingabe ausgeschlossen werden, die bei der papierbasierten Variante nicht zu umgehen ist. (Thielsch & Weltzin, 2013, S. 80)

Von Seiten der Befragten besteht meist eine hohe Akzeptanz, da Freiwilligkeit, Flexibilität und Anonymität gegeben sind (Thielsch & Weltzin, 2013, S. 80) Über dies steigert u. a. die Modernität der Methode die Teilnehmermotivation, sodass auch die Rücklaufquoten für gewöhnlich zufriedenstellen sind. (Axel, 2017, S. 124) Bei Bedarf kann auch das Versenden von Erinnerungsmails in Erwägung gezogen werden. (Döring & Bortz, 2016, S. 412)

Neben der Erhebung punktet die OB ebenso mit der Einfachheit der Datenauswertung, Ergebnisrückmeldung und Datenverwaltung. Durch die vollständige Automatisierung der Auswertung wird beispielsweise eine sehr hohe Auswertungsobjektivität erzielt. (Thielsch & Weltzin, 2013, S. 81) Zusammenfassend sprechen insbesondere die folgenden Argumente dafür, dass die OB eine sinnvolle Methode für die MB des Unternehmens „Internatio" ist: Erstens sind alle potenziellen Teilnehmer per E-Mail erreichbar. Zweitens verfügt jeder Arbeitsplatz über einen Computer mit Internet-Zugang, sodass folglich auch von ausreichenden PC-Fähigkeiten der Mitarbeiter ausgegangen werden kann. Und drittens soll eine hohe Anzahl an Personen befragt werden, die regional sehr breit gestreut ist. (Axel, 2017, S. 124)

Durch die technisch-organisatorische Abwicklung der OB sind gewisse Feinheiten und Notwendigkeiten zu beachten. (Axel, 2017, S. 134) Eine Voraussetzung ist, wie bereits erwähnt, die Verfügbarkeit eines Rechners mit Internetzugriff. Da die PCs des Arbeitsplatzes verwendet werden sollen, muss sichergestellt werden, dass der Internetzugriff für Mitarbeiter nicht über einen sog. Proxyserver auf bestimmten Seiten eingeschränkt ist. Außerdem sollte bekannt sein, welche Browser auf den Mitarbeiter-PCs installiert sind und ob diese auf dem aktuellen Stand sind. (Axel, 2017, S. 135-136) Damit die Einladungen die Zielpersonen erreichen können, ist es zunächst notwendig, dass jeder Mitarbeiter ein E-Mail-Konto im Unternehmen besitzt. (Axel, 2017, S. 136) Für das Versenden der Einladungs-Mails empfiehlt sich ein Soft Launch, bei welchem zu Beginn testweise nur ein kleiner Anteil der Einladungen versendet werden. Erst nachdem mehrere erfolgreiche Zugriffe vorliegen, sollte mit dem Mailing fortgefahren werden. Um hierbei unnötige Belastungsspitzen bei den Servern zu vermeiden, werden bei einer Stichprobe von 1.000 Mitarbeitern mindestens drei Sekunden Abstand zwischen dem Verschicken jeder Mail eingehalten. (Axel, 2017, S. 136-137) Technische Berücksichtigung muss auch die Einbindung einer Sprachauswahl finden, da für die internationale Befragung mehrere Sprachen zur Verfügung stehen sollen. Eine Option ist, die verfügbaren Sprachen untereinander angeordnet in der Einladungsmail bereit zu stellen, sodass der Teilnehmer die bevorzugte Sprache selbstständig auswählen kann. (Axel, 2017, S. 139) Insgesamt sollte v. a. aufgrund der bereits genannten technischen Besonderheiten nicht auf die Unterstützung eines erfahrenen Dienstleisters verzichtet werden. (Axel, 2017, S. 142)

21

3. Statistik: Der U-Test

3.1 Einsatzgebiete und Fragestellungen des U-Tests

Der Mann-Whitney-U-Test bzw. U-Test ist ein Rangsummentest (Eckstein, 2014, S. 357), welcher auf die US-amerikanischen Statistiker Henry B. Mann und Donald Ransom Whitney zurückgeht. (Eckstein, 2016, S. 133) Ziel des U-Tests ist die Überprüfung von Unterschieden zweier unabhängiger Stichproben bzw. Gruppen in Bezug auf die zentrale Tendenz (Median) einer ordinalen Variable. (Cleff, 2019, S. 181) Er prüft außerdem, ob die Unterschiede bezüglich einer abhängigen Variable zufälligen oder systematischen Einflüssen unterliegen und führt hierfür eine Analyse der, den Messwerten zugeordneten, Rangplätze durch. (Rasch, Friese, Hofmann & Neumann, 2014, S. 94)

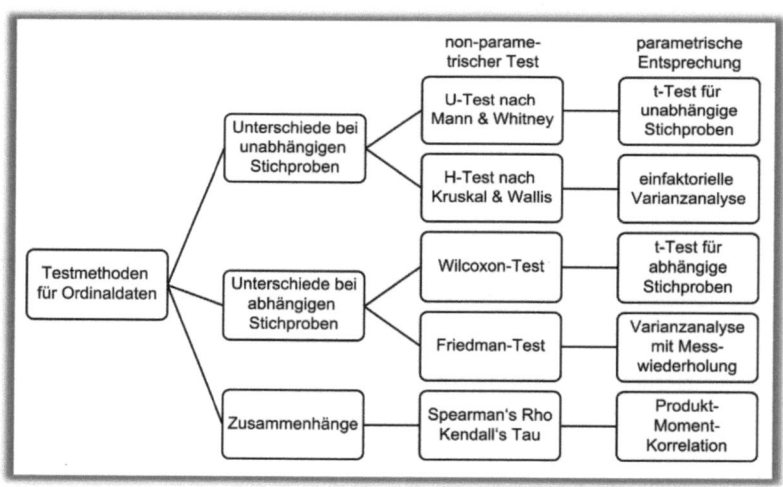

Abb. 1   Überblick verschiedener non-parametrischer Tests
(Quelle: Schäfer, 2016, S. 243)

Wie Abb. 1 zu entnehmen ist, stellt der U-Test das non-parametrische (verteilungsunabhängige) Äquivalent zum t-Test dar. Beide Tests werden zur Ermittlung von Unterschieden bei unabhängigen Stichproben angewendet. Sie unterscheiden sich jedoch darin, dass der U-Test im Gegensatz zum t-Test sehr geringe Anforderungen an die Verteilung der Messwerte in der Grundgesamtheit stellt. (Eckstein, 2016, S. 133)

Damit bietet der U-Test eine größere Voraussetzungsfreiheit (Rasch et al., 2014, S. 94) jedoch gleichzeitig auch eine geringere Teststärke bzw. Testmacht als der t-Test. (Seistock, Bunina & Aden, 2020, S. 100) Für gewöhnlich wird der U-Test also nur dann eingesetzt, wenn die Bedingungen für einen t-Test nicht erfüllt sind. (Schäffer & Schöttker-Königer, 2015)

Der U-Test ist grundlegend für Fragestellungen interessant, bei welchen überprüft werden soll, ob zwischen zwei untersuchten Gruppen signifikante Unterschiede bezüglich eines bestimmten erhobenen Merkmals bestehen oder nicht. (Rasch et al., 2014, S. 95) Die zwei unabhängigen Gruppen können beispielsweise Personengruppen sein (z. B. Männer/Frauen), die bezüglich ihres Verhaltens (z. B. Zahlungsbereitschaft) verglichen werden sollen. (Cleff, 2019, S. 181) Üblich sind auch Untersuchungen mit Versuchs- und Kontrollgruppen. Hierbei könnte z. B. die Wirksamkeit eines Medikaments geprüft werden, indem diese mit der Wirkung eines, der Kontrollgruppe verabreichten, Leerpräparats verglichen wird. (Prospeschill & Siegel, 2018, S. 75) Darüber hinaus ist ebenso eine Gegenüberstellung von Objekten möglich: In einem Beispiel von Eckstein besteht die Fragestellung darin, ob sich Mietswohnungen zweier unterschiedlicher Regionen in Bezug auf ihre Wohnfläche unterscheiden oder einer Zufallsgröße X entsprechen. (2014, S. 358-359) Zusammenfassend lässt sich also sagen, dass das Einsatzgebiet des U-Tests sehr breit gefächert ist und für viele, sehr unterschiedliche Fragestellungen angewendet werden kann, sofern die Voraussetzungen für den Test erfüllt sind.

3.2 Statistische Grundlagen zur Durchführung eines U-Tests

Wie bereits erwähnt besitzt der U-Test im Vergleich zu seinem metrischen Pendant kaum strenge Anwendungsvorrausetzungen. (Cleff, 2019, S. 181) Um diesen durchführen zu können werden zunächst zwei zu vergleichende Zufallsstichproben bzw. Gruppen benötigt, die auf Basis der unabhängigen Variable gebildet werden. Es muss lediglich darauf geachtet werden, dass die Daten numerisch und mindestens ordinal skaliert sind. Eine Normalverteilung muss dabei nicht gegeben sein. Allerdings sollten die den Stichproben zugrunde liegenden Grundgesamtheiten annähernd gleiche Verteilungsformen aufweisen. (Prospeschill & Siegel, 2018, S. 75) Bei starken

Streuungsunterschieden, Ausreißern sowie bei Deckeneffekten ist nämlich die Validität des U-Tests beeinträchtigt. (Schäfer & Schöttker-Königer, 2015, S. 123)

Folgende Hypothesen werden vom U-Test überprüft:

- **H$_0$ (Nullhypothese):**
  Die Mediane der Grundgesamtheit sind gleich. (Es gibt keine Unterschiede in den Medianen zwischen den beiden Gruppen der unabhängigen Variablen).

- **H$_1$ (Alternativhypothese):**
  Die Mediane der Grundgesamtheiten sind verschieden. (Es gibt Unterschiede in den Medianen der abhängigen Variablen zwischen den beiden Gruppen der unabhängigen Variablen.) (Budischewski et al., 2019, S. 64)

Zur Berechnung der Prüfgröße U werden die Stichprobenwerte beider Gruppen der Größe nach aufgereiht, sodass sich eine Rangfolge vom kleinsten bis zum größten Wert ergibt. Jedem der Werte wird nun ein Rang zugeordnet, und zwar von 1 bis N. (Hedderich & Sachs, 2018, S. 554) Nun werden die Rangsummen R$_1$ und R$_2$ der einzelnen Gruppen berechnet, mithilfe derer die U-Werte für beide Stichproben ermittelt werden können. Die entscheidende Prüfgröße ist schließlich die kleinere der beiden Werte U$_1$ und U$_2$. (Schäfer & Schöttker-Königer, 2015, S. 123)

$$U_1 = R_1 - (n_1(n_1+1)/2) \qquad U_2 = R_2 - (n_2(n_2+1)/2)$$

Je kleiner der ermittelte U-Wert ausfällt, desto größer ist der Unterschied zwischen den beiden Gruppen. Die Testentscheidung basiert schließlich auf dem Vergleich zwischen der Prüfgröße und dem kritischen Testwert, welcher u. a. aus spezifischen Tabellen entnommen werden kann. H$_0$ darf abgelehnt werden, wenn die Prüfgröße kleiner oder gleich dem kritischen U-Wert ist. (Schäfer & Schöttker-Königer, 2015, S. 123)

3.3 Berechnung des U-Wertes und der Signifikanz mithilfe von SPSS

Im Rahmen dieses Kapitels soll die Durchführung und Auswertung eines U-Tests mithilfe von SPSS anhand eines fiktiven Beispiels demonstriert werden. Der Beispieldatensatz who_qlq_bref.sav dient hierfür als Datengrundlage. Die Ergebnisse des U-Tests sollen zeigen, ob sich die Zufriedenheit mit dem Sexualleben zwischen Frauen und Männern signifikant unterscheidet. Gegeben sind die zwei unabhängigen Stichproben (Frauen und Männer) und eine abhängige ordinalskalierte Variable mit insgesamt fünf Antwortoptionen (Zufriedenheit mit dem Sexualleben; 1= sehr unzufrieden bis 5= sehr zufrieden). Da die Voraussetzungen für einen U-Test erfüllt sind, werden nun die Hypothesen formuliert:

H₀: Die Mediane von Frauen und Männern, bezüglich der Zufriedenheit mit Ihrem Sexualleben, ist gleich.

H₁: Die Mediane von Frauen und Männern, bezüglich der Zufriedenheit mit Ihrem Sexualleben, ist verschieden.

Um den Mann-Whitney-U-Test in SPSS aufzurufen, wird zunächst das Dialogfeld „zwei unabhängige Stichproben" unter <Analysieren><nicht-parametrische Tests><Klassische Dialogfelder><zwei unabhängige Stichproben> ausgewählt.

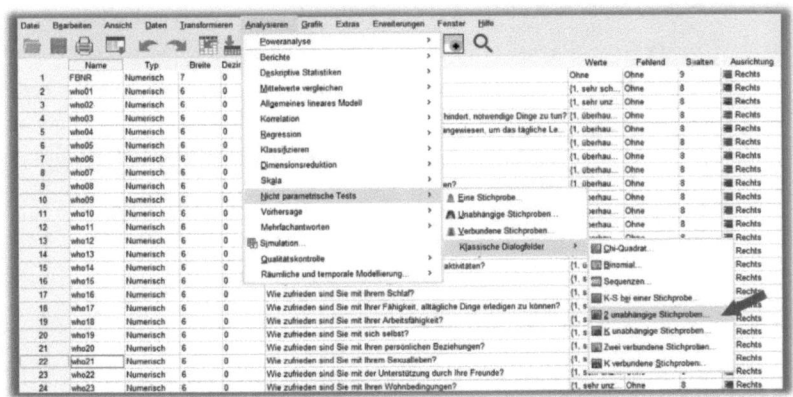

Abb. 2   SPSS: Aufrufen des U-Tests
(Quelle: eigene Darstellung)

Es öffnet sich das Fenster „Tests bei zwei unabhängigen Stichproben", in welchem nun die abhängige Testvariable „who21" (Wie zufrieden sind Sie mit Ihrem Sexualleben?) und die Gruppenvariable (Geschlecht) ausgewählt werden können. Dazu wird die gewünschte Variable aus der linken Liste angeklickt und mithilfe der beiden Pfeile in das jeweilige rechte Kästchen eingefügt.

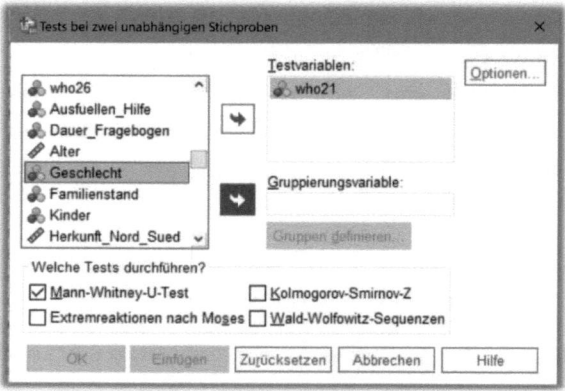

Abb. 3   SPSS: Auswahl der abhängigen Variable und der Gruppierungsvariable
(Quelle: eigene Darstellung)

Für die Definition der Gruppen müssen zunächst die jeweiligen Wertebeschriftungen bekannt sein. Sofern dies nicht der Fall ist, können diese vorab abgelesen werden, indem in der Variablenansicht auf das Kästchen mit den drei Punkten geklickt wird, das sich in der Zeile der Gruppenvariable „Geschlecht" und in der Spalte „Werte" befindet.

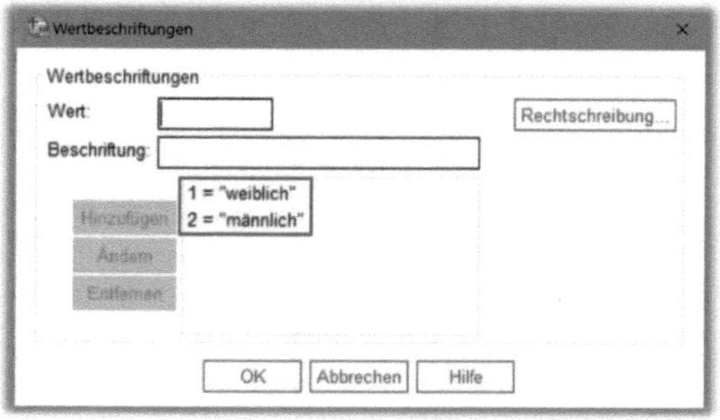

Abb. 4   SPSS: Ablesen der Wertebeschriftungen
(Quelle: eigene Darstellung)

Die Gruppen werden schließlich definiert, indem zunächst die Gruppierungsvariable „Geschlecht (1 2)" ausgewählt wird und anschließend auf den Button <Gruppen definieren...> geklickt wird. Daraufhin öffnet sich ein weiteres Fenster, in welchem die Werte der beiden Gruppen eingetragen werden. Bei Gruppe 1 wird der Wert 1 und bei Gruppe 2 der Wert 2 eingetragen. Mit <Weiter> und anschließend <Ok> werden die Einstellungen bestätigt.

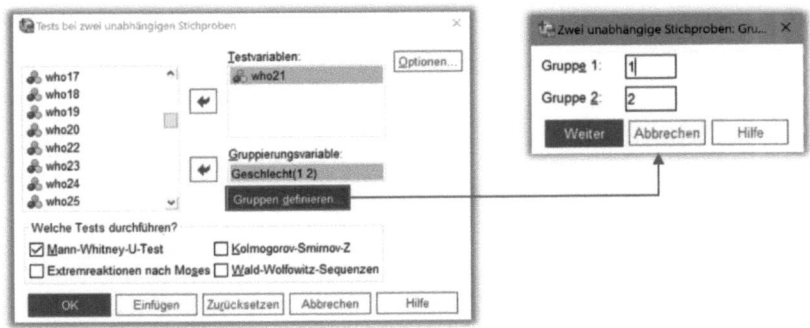

Abb. 5   SPSS: Definieren der Gruppen
(Quelle: eigene Darstellung)

SPSS öffnet daraufhin die Ausgabe mit zwei unterschiedlichen Tabellen. Die erste Tabelle „Ränge" zeigt die beiden Gruppengrößen, die beiden Rangsummen sowie den gemittelten Rang der beiden Gruppen (Rangsumme dividiert durch die Gruppengröße). Diesen Angaben ist zu entnehmen, dass insgesamt 157 Fälle miteinbezogen wurden, wovon 61 Fälle der Gruppe „weiblich" und 96 Fälle der Gruppe „männlich" zuzuordnen sind. Bei einem Vergleich der beiden mittleren Ränge ist eine Abweichung der Ausprägungen beider Gruppen zu erkennen. Ob dies auf eine unterschiedliche zentrale Tendenz hinweist, muss zunächst anhand der unteren Tabelle überprüft werden.

Mann-Whitney-Test

Ränge

	Geschlecht	N	Mittlerer Rang	Rangsumme
Wie zufrieden sind Sie mit Ihrem Sexualleben?	weiblich	61	90,27	5506,50
	männlich	96	71,84	6896,50
	Gesamt	157		

Teststatistiken[a]

	Wie zufrieden sind Sie mit Ihrem Sexualleben?
Mann-Whitney-U-Test	2240,500
Wilcoxon-W	6896,500
Z	-2,565
Asymp. Sig. (2-seitig)	,010

a. Gruppenvariable: Geschlecht

Abb. 6   SPSS-Ausgabe des Mann-Whitney-U-Tests
(Quelle: eigene Darstellung)

Die oberste Zeile der Tabelle „Teststatistiken" gibt den Prüfwert (Mann-Whitney-U = 2240,500) an, während die unterste Zeile den zugehörigen und ausschlaggebenden p-Wert („Asymptomatische Signifikanz") aufzeigt. (Budischewski et al., 2019, S. 65) Damit die statistische Validität gegeben ist, muss die empirisch ermittelte Fehlerwahrscheinlichkeit (p) kleiner als die vorher festgelegte Irrtumswahrscheinlichkeit (α) sein. (Krebs & Menold, 2019, S. 502) In der Regel liegt das Signifikanzniveau α bei den Schellenwerten 1%, 5% oder 10%. Für das vorliegende Beispiel wird das Signifikanzniveau auf α= 0,05 festgelegt, da dies die am häufigsten gewählte Größe ist. (Cleff, 2019, S. 182) Im Vergleich stellt sich heraus, dass die Fehlerwahrscheinlichkeit p = .010 tatsächlich kleiner ist als die festgelegte Irrtumswahrscheinlichkeit α = .050. Die Wahrscheinlichkeit fälschlicherweise von einer unterschiedlichen Zufriedenheit mit dem Sexualleben auszugehen, liegt bei 0,1 %.

Es lässt sich schlussfolgern, dass die Gruppe 1 mit Personen weiblichen Geschlechts eine signifikant höhere Ausprägung der abhängigen Variable „Zufriedenheit mit dem Sexualleben" aufweist als die Gruppe 2 mit den Personen männlichen Geschlechts. Die Alternativhypothese „Die Mediane von Frauen und Männern, bezüglich der Zufriedenheit mit Ihrem Sexualleben, ist verschieden." trifft also zu. Somit kann die Alternativhypothese H_1 angenommen und die Nullhypothese H_0 abgelehnt werden.

Die Darstellung der Ergebnisse in einem Forschungsbericht sähe folgendermaßen aus:

Um die Hypothese zu testen, dass die Zufriedenheit mit dem Sexualleben auf Basis der Frage WHO21 zwischen Männern und Frauen unterschiedlich ist, wurde ein U-Test durchgeführt. Der Test ergab ein Mann-Whitney-U von 2240,500 (p = .010), sodass die Alternativhypothese H_1 angenommen werden kann und die Nullhypothese H_0 abgelehnt werden muss. Auf Basis der Frage WHO21 unterscheiden sich Männer und Frauen bezüglich der Zufriedenheit mit Ihrem Sexualleben.

3.4 Fazit

a) **Fazit zu den Ergebnissen des U-Tests:**

Mithilfe des U-Tests konnte gezeigt werden, dass sich die befragten Frauen insgesamt zufriedener einschätzen mit ihrem Sexualleben als die männlichen Befragten. Doch kann das Ergebnis durch weitere, bisher unberücksichtigte Faktoren beeinflusst sein? Laut einer deutschlandweiten repräsentativen Studie „Gesundheit und Sexualität in Deutschland" (GeSiD) spielt insbesondere der Beziehungsstatus eine Rolle in Bezug auf die Zufriedenheit mit dem Sexualleben. In festen Partnerschaften nimmt die sexuelle Zufriedenheit zu, mit zunehmender Beziehungsdauer wiederum ab. (Dekker, Matthiesen, Cerwenka, Otten & Briken, 2020, Abs. 8) Diese Faktoren sollten im Umgang mit den Ergebnissen des vorliegenden U-Tests berücksichtigt werden. Nach wie vor offen ist die Frage, welche Aspekte schließlich die Unterschiede zwischen der sexuellen Zufriedenheit von Frauen und Männern begründen. Zeichnen sich Frauen durch bestimmte Merkmale aus, die die sexuelle Zufriedenheit im Vergleich zu Männern steigert? Die Ergebnisse aus möglichen anknüpfenden Untersuchungen diesbezüglich könnten wertvolle Informationen hervorbringen, die u. a. für die sexuelle Beratung und ähnliche Einsatzgebiete relevant erscheint.

b) Fazit zum Einsatz des U-Tests:

Zusammenfassend ist der Mann-Whitney-U-Test ein verlässliches Verfahren zur Überprüfung von Unterschieden der zentralen Tendenz zweier unabhängiger Stichproben. Im Gegensatz zu seinem parametrischem Äquivalent, dem t-Test, besitzt der U-Test zwar eine geringere Testmacht, doch verglichen mit anderen nicht-parametrischen Tests, weist der U-Test eine verhältnismäßig hohe Teststärke auf. (Seistock, Bunina & Aden, 2020, S. 100) Hinzu kommt, dass für den Einsatz des U-Test nur wenige Vorrausetzungen erfüllt sein müssen. (Eckstein, 2016, S. 133) Dieser Vorteil sollte allerdings nur dann genutzt werden, wenn die Bedingungen für einen t-Test nicht gegeben sind. (Schäffer & Schöttker-Königer, 2015, S 121) Weiter sollten die (wenn auch wenigen) Vorrausetzungen des U-Tests gründlich berücksichtigt werden, um negative Auswirkungen auf die Güte der Ergebnisse zu vermeiden. Werden beispielsweise starke Streuungsunterschiede missachtet, gefährdet dies die Validität des U-Tests. (Schäfer & Schöttker-Königer, 2015, S. 123)

4. Anlagen

Anl. 1   Fragebogen zum Thema „Interne Kommunikation"

(beginnt auf der folgenden Seite)

Interne Kommunikation

Ein Fragebogen für die Mitarbeiter der

Plasterprosp GmbH

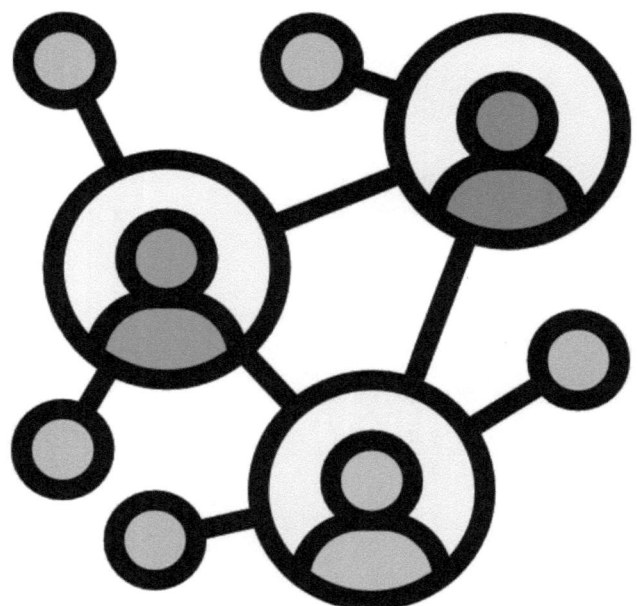

Plasterprosp GmbH

Sehr geehrte Mitarbeiterinnen und Mitarbeiter der Plasterprosp GmbH,

mithilfe dieses Fragebogens möchten wir die interne Kommunikation unseres Unternehmens prüfen und ein mögliches Verbesserungspotential nutzen. Die Ergebnisse der Untersuchung dienen uns als Basis für das Erarbeiten individueller Maßnahmen zum Ausbau der aktuellen Kommunikationsstrukturen und Informationsflüsse.

Ablauf

Der vorliegende Fragebogen besteht aus insgesamt vier Abschnitten:

- **Teil A**: Kommunikation von Management zu Mitarbeiter
- **Teil B**: Kommunikation von Mitarbeiter zu Management
- **Teil C**: Bereichsübergreifende Kommunikation
- **Formale Fragen**

Das Ausfüllen des Fragebogens wird eine Zeitspanne von ca. 30 Minuten in Anspruch nehmen.

Bitte senden Sie den vollständig beantworteten Fragebogen in dem beiliegenden Freiumschlag bis spätestens den 21.12.2021 zurück.

Vertraulichkeit

Ihre Daten werden laut der Datenschutzgrundverordnung (DSGV) streng vertraulich behandelt und ausschließlich in anonymisierter Form verwertet und gespeichert. Es ist dementsprechend nicht möglich Rückschlüsse auf ihre Person vorzunehmen. Gerne können Sie bei Interesse die Forschungsergebnisse nach Abschluss der Untersuchung anfordern. Darüber hinaus werden Sie selbstverständlich über zukünftige Verbesserungsmaßnahmen aufgeklärt.

Ihre Ansprechperson für Rückfragen:

Daline Ostermaier

E-Mail: xxx

Tel.: xxx

Hinweise zum Ausfüllen des Fragebogens

- Wir möchten Sie bitten den Fragebogen vollständig und gewissenhaft zu bearbeiten und die Fragen in der vorgegebenen Reihenfolge zu beantworten. Beachten Sie diesbezüglich auch die Hinweise, die Ihnen mitteilen, wann Sie einzelne Fragen überspringen dürfen.

- Lesen Sie sich die Fragen zunächst aufmerksam durch und setzen Sie ein Kreuz in den vorgesehenen Kreis mit der Antwortalternative, welche auf Sie zutrifft. Beachten Sie, dass bei manchen Fragen eine Mehrfachnennung möglich ist. Hier kreuzen Sie bitte alle auf Sie zutreffenden Optionen an.

- Die Antwortalternative „Sonstige" wählen Sie bitte nur dann, wenn keine der vorgegebenen Antworten auf Sie zutrifft. In der vorgesehene Zeile können Sie dann die passende Antwort eintragen. Achten Sie hierbei auf eine deutliche Schrift.

- Hier sehen Sie drei beispielhaft bearbeitete Musterfragen:

Haben Sie die Hinweise zum Ausfüllen des Fragebogens gelesen?

☒ Ja

◯ Nein

Welche der Hinweise empfinden Sie als hilfreich? (Mehrfachnennung möglich)

◯ Aufmerksam lesen

☒ Reihenfolge beachten

☒ Sonstiges: _Mehrfachnennung berücksichtigen_

Wie zufrieden sind Sie mit den Hinweisen zum Ausfüllen des Fragebogens?

◯ Sehr zufrieden

☒ Eher zufrieden

◯ Unentschieden

◯ Eher unzufrieden

34

O   Sehr unzufrieden

```
┌────────────────────────────────────────────────────────────┐
│        Hier beginnt der offizielle Fragebogen                │
└────────────────────────────────────────────────────────────┘
```

```
┌────────────────────────────────────────────────────────────┐
│ 1.   Wie beurteilen Sie persönlich die Kommunikation in der Plasterprosp │
│      GmbH?                                                    │
└────────────────────────────────────────────────────────────┘
```

○   sehr gut

○   gut

○   befriedigend

○   mangelhaft

○   ungenügend

Teil A

```
┌────────────────────────────────────────────────────────────┐
│   Kommunikation von Management zu Mitarbeitern               │
└────────────────────────────────────────────────────────────┘
```

```
┌────────────────────────────────────────────────────────────┐
│ 2.   Wie zufrieden sind sie insgesamt mit der Informationsweitergabe vom │
│      Management an die Mitarbeiter?                           │
└────────────────────────────────────────────────────────────┘
```

○   sehr zufrieden

○   eher zufrieden

○   unentschieden

○   eher unzufrieden

○   sehr unzufrieden

Art der weitergegebenen Informationen

3. Wie informiert das Management die Mitarbeiter über aktuelle
    Entscheidungen bzw. Beratungsergebnisse? (Mehrfachnennung möglich)

    O   Offizielle Beschlüsse

    O   Ergebnisprotokolle

    O   Sonstige: _____

4. Wie zufrieden sind Sie mit der Art der weitergebenen Informationen?

    O   sehr zufrieden

    O   eher zufrieden

    O   unentschieden

    O   eher unzufrieden

    O   sehr unzufrieden

Weitergabe von Informationen an alle Mitarbeiter

5. Auf welchem Weg teilt das Management Informationen mit, die sich an alle
    Mitarbeiter richten? (Mehrfachnennung möglich)

    O   mündliche Besprechungen

    O   Intranet

    O   Newsletter

    O   interne Zeitung

    O   Sonstiges: _____

6. Welche Art der Informationsweitergabe an alle Mitarbeiter bevorzugen Sie persönlich am meisten?

○ mündliche Besprechungen

○ Intranet

○ Newsletter

○ interne Zeitung

○ Sonstiges: _____

7. Wie häufig erhalten Sie Informationen, die sich an alle Mitarbeiter richten?

○ täglich

○ wöchentlich

○ monatlich

○ mehrmals pro Jahr

○ jährlich

○ seltener als einmal pro Jahr

○ nie

8. Wie empfinden Sie die Häufigkeit der Informationsweitergabe an alle Mitarbeiter?

○ viel zu selten

○ eher zu selten

○ häufig genug

○ eher zu häufig

○ viel zu häufig

Weitergabe von Informationen an einzelne Mitarbeiter

9. Auf welchem Weg teilt das Management Ihnen Informationen mit, die sich speziell an Sie richten? (Mehrfachnennung möglich)

- ○ Bilaterale Gespräche
- ○ E-Mails
- ○ Rundschreiben über spezifische Verteiler
- ○ Sonstiges: _____

10. Welche Art der Weitergabe an Informationen, die speziell an Sie gerichtet sind, bevorzugen Sie persönlich am meisten?

- ○ Bilaterale Gespräche
- ○ E-Mails
- ○ Rundschreiben über spezifische Verteiler
- ○ Sonstiges: _____

11. Wie häufig erhalten Sie Informationen, die speziell an Sie gerichtet sind?

- ○ täglich
- ○ wöchentlich
- ○ monatlich
- ○ mehrmals pro Jahr
- ○ jährlich
- ○ seltener als einmal im Jahr
- ○ nie

12. Wie empfinden Sie die Häufigkeit der Weitergabe von Informationen, die speziell an Sie gerichtet sind?

○   viel zu selten

○   eher zu selten

○   häufig genug

○   eher zu häufig

○   viel zu häufig

Teil B

Kommunikation von Mitarbeiter zu Management

13. Wie zufrieden sind Sie allgemein mit den Möglichkeiten, um mit dem Management zu kommunizieren?

- O   sehr zufrieden
- O   eher zufrieden
- O   unentschieden
- O   eher unzufrieden
- O   sehr unzufrieden

Institutionalisierter Austausch

14. Wie häufig ist das Management bei betriebsinternen Veranstaltungen anwesend?

- O   immer
- O   oft
- O   gelegentlich
- O   selten
- O   nie → **bitte weiter mit Frage 16**

15. Ist das Management bei Veranstaltungen für gewöhnlich offen für einen dialogischen Austausch mit den Mitarbeitern?

- O   ja
- O   nein
- O   ich weiß nicht

16. Wie häufig werden Umfragen z. B. bezüglich der Stimmungslagen oder Informationsstände der Mitarbeiter durchgeführt?

○   täglich

○   wöchentlich

○   monatlich

○   mehrmals pro Jahr

○   jährlich

○   seltener als einmal im Jahr

○   nie → **bitte weiter mit Frage 18**

17. In welchen Formaten werden die Mitarbeiterumfragen regelmäßig durchgeführt? (Mehrfachnennung möglich)

○   mündlich

○   schriftlich (Papierformat)

○   via Intranet

○   via Internet

○   via E-Mail

○   Sonstige: _____

18. Welches Format bevorzugen Sie (bzw. würden Sie bevorzugen) bezüglich regelmäßiger Mitarbeiterumfragen?

○   mündlich

○   schriftlich (Papierformat)

○   via Intranet

○   via Internet

○   via E-Mail

○   Sonstige: _____

---

19. Wie häufig werden Sie vom Management um Feedback zu speziellen Themen gebeten (z. B. in Form von Kurz-Panels)?

○   täglich

○   wöchentlich

○   monatlich

○   ein paar Mal im Jahr

○   jährlich

○   seltener als einmal im Jahr

○   nie   → **bitte weiter mit Frage 21**

---

20. Über welche Wege fordert das Management Sie für gewöhnlich auf Ihr Feedback zu speziellen Themen zu geben? (Mehrfachnennung möglich)

○   mündlich

○   schriftlich

○   via Intranet

○   via Internet

○   via E-Mail

○   Sonstiges: _____

---

21. Welches Format bevorzugen Sie persönlich (bzw. würden Sie bevorzugen), in Bezug auf Feedback zu speziellen Themen?

○   mündlich

○   schriftlich

○   via Intranet

○   via Internet

○   via E-Mail

○   Sonstiges: _____

Eigeninitialisiertes Feedback

---

22. Wie häufig wenden Sie sich von sich aus mit Ideen oder Anregungen an das Management?

○   täglich

○   wöchentlich

○   monatlich

○   mehrmals pro Jahr

○   jährlich

○   seltener als einmal im Jahr

○   nie   → **bitte weiter mit Frage 24**

---

23. Über welche Wege haben Sie sich schon mit Ideen und Anregungen an das Management gewendet? (Mehrfachnennung möglich)

○   persönliches Gespräch

○   schriftlich (z. B. Ideenbriefkasten)

○   E-Mail

○   Intranet

○   Sonstiges: _____

24. Wie zufrieden sind Sie mit den zur Verfügung gestellten Mitteln, sich mit Ihren Ideen oder Anregungen an das Management zu wenden?

- ○ sehr zufrieden
- ○ eher zufrieden
- ○ unentschieden
- ○ eher unzufrieden
- ○ sehr unzufrieden

25. Werden Sie vom Management durch ein Belohnungssystem motiviert ihre Ideen und Anregungen einzubringen?

- ○ ja
- ○ nein → **weiter mit Frage 27**
- ○ weiß ich nicht → **weiter mit Frage 27**

26. Wie sehr fühlen Sie sich durch das Belohnungssystem motiviert?

- ○ gar nicht motiviert
- ○ kaum motiviert
- ○ etwas motiviert
- ○ ziemlich motiviert
- ○ sehr motiviert

27. Haben Sie die Möglichkeit Kritik und Anregungen in anonymisierter Form an das Management weiterzuleiten?

- ○ ja
- ○ nein

○   weiß ich nicht

Teil C

Bereichsübergreifende Kommunikation

Bereichsübergreifende Kommunikation mit Aufgabenbezug

28. Welche Möglichkeiten gibt es aufgabenrelevante Informationen zwischen verschiedenen Bereichen und Abteilungen auszutauschen? (Mehrfachnennung möglich)

○   Datenbank

○   Intranet

○   Meetings

○   Besprechungen

○   Informationsmanagementsystem

○   Sonstiges: _____

29. Welche Möglichkeit bevorzugen Sie, um aufgabenrelevante Informationen zwischen verschiedenen Bereichen und Abteilungen auszutauschen?

○   Datenbank

○   Intranet

○   Meetings

○   Besprechungen

○   Informationsmanagementsysteme

○   Sonstiges: _____

30. Wie häufig finden Meetings und Besprechungen statt, um aufgabenrelevante Informationen zwischen verschiedenen Bereichen auszutauschen?

- O mehrmals pro Woche
- O wöchentlich
- O monatlich
- O mehrmals pro Jahr
- O jährlich
- O seltener als ein Mal pro Jahr
- O nie

31. Wie zufrieden sind Sie insgesamt mit der Umsetzung einer bereichsübergreifenden Kommunikation, um aufgabenrelevante Informationen auszutauschen?

- O sehr zufrieden
- O eher zufrieden
- O unentschieden
- O eher unzufrieden
- O sehr unzufrieden

Bereichsübergreifende Kommunikation mit mittelbarem Aufgabenbezug

32. Ist es Ihnen möglich den internen Bereich Ihrer Abteilung zu verlassen, um Ideen und Impulse mit Mitarbeitern anderer Bereiche auszutauschen?

- O ja
- O nein   → **bitte weiter mit Frage 36**

33. In welchem Rahmen ist es Ihnen möglich den internen Bereich Ihrer Abteilung zu verlassen, um Ideen und Impulse mit Mitarbeitern anderer Bereiche auszutauschen? (Mehrfachnennung möglich)

- O   Kaffee-Ecken
- O   open-space-meetings[1]
- O   Sonstiges:_____

34. Wie zufrieden sind Sie mit den zur Verfügung gestellten Mitteln, den internen Bereich Ihrer Abteilung zu verlassen, um Ideen und Impulse mit Mitarbeitern anderer Bereiche auszutauschen?

- O   sehr zufrieden
- O   eher zufrieden
- O   unentschieden
- O   eher unzufrieden
- O   sehr unzufrieden

35. Wie häufig nutzen Sie die Möglichkeit den internen Bereich Ihrer Abteilung zu verlassen, um Ideen und Impulse mit Mitarbeitern anderer Bereiche auszutauschen?

- O   mehrmals pro Woche
- O   wöchentlich
- O   monatlich

---

[1] Open-space-meetings sind offene Arbeitskreise mit einem festgelegten Ziel, wobei es den Teilnehmern freisteht, welche Themen und Anliegen sie in die Gruppe einbringen. In Arbeitsgruppen werden Lösungen erarbeitet und die Ergebnisse am Ende ausgewertet.

○ mehrmals pro Jahr

○ jährlich

○ seltener als einmal im Jahr

○ nie

Bereichsübergreifende Kommunikation ohne Aufgabenbezug

---

36. Erhalten Sie vom Unternehmen Informationen über aktuelle interne Geschehnisse (z. B. über eine Unternehmenszeitschrift), um so ein Gesamtverständnis für ihr Unternehmen/ Ihre Abteilung zu entwickeln?

○ ja

○ nein → **bitte mit Frage 40**

---

37. Welche Informationsquellen werden Ihnen bereitgestellt, um sich über aktuelle interne Geschehnisse zu erkundigen und so ein Gesamtverständnis für ihr Unternehmen/ ihre Abteilung zu entwickeln? (Mehrfachnennung möglich)

○ Unternehmenszeitschrift

○ Unternehmensberichte

○ Sonstiges: _____

---

38. Wie häufig erhalten Sie vom Unternehmen Informationen über aktuelle interne Geschehnisse, um ein Gesamtverständnis für Ihr Unternehmen/ Ihre Abteilung zu entwickeln?

○ wöchentlich

○ monatlich

50

○   mehrmals pro Jahr

○   jährlich

○   seltener als einmal im Jahr

---

39. Wie häufig nutzen Sie die genannten Informationsquellen, wenn Sie diese vom Unternehmen erhalten?

○   immer

○   oft

○   gelegentlich

○   selten

○   nie

Formaler Teil

---

40. Mit welchem Geschlecht identifizieren Sie sich?

     ○   weiblich

     ○   männlich

     ○   divers

---

41. Welcher Altersgruppe gehören Sie an?

     ○   jünger als 25 Jahre

     ○   25 bis 45 Jahre

     ○   45 bis 65 Jahre

     ○   älter als 65 Jahre

---

42. In welchem Unternehmensbereich sind Sie tätig?

     ○   Produktion

     ○   Logistik/ Transport

     ○   Verwaltung

     ○   Außendienst/ Verkauf

     ○   Planung

     ○   Sonstiges: _____

---

43. Wie lange sind Sie bei der Plasterprosp GmbH beschäftigt?

     ○   kürzer als 5 Jahre

     ○   zwischen 5 und 10 Jahren

○   zwischen 10 und 20 Jahren

○   länger als 20 Jahre

Vielen Dank für Ihre Teilnahme!

Wir freuen uns sehr über ein Feedback zu unserem Fragebogen!
Im folgenden Feld haben Sie die Möglichkeiten uns Ihre Fragen,
Anregungen oder Ihre Kritik mitzuteilen:

5. Literaturverzeichnis

Borg, I. (2019). Mitarbeiterbefragungen. In: N. Baur & J. Blasius (Hrsg.). *Handbuch der empirischen Sozialforschung* (2. Aufl., S. 829-842). Wiesbaden: Springer Fachmedien Wiesbaden. https://doi.org/10.1007/978-3-658-21308-4

Budischewski, K., Ornau, F. & Tausch, A. (2019). *SPSS* (3. Auflage). Studienbrief der SRH Fernhochschule. Riedlingen.

Cleff, T. (2019). *Angewandte Induktive Statistik und Statistische Testverfahren.* Wiesbaden: Springer Fachmedien Wiesbaden. https://doi.org/10.1007/978-3-8349-6973-6

Dekker, A, Matthiesen, S, Cerwenka, S, Otten, M & Briken, P (2020). Health, sexual activity, and sexual satisfaction - selected results from the German Health and Sexuality Survey (GeSiD). *Deutsches Ärzteblatt International, 117*, 645–52. https://doi.org/10.3238/arztebl.2020.0645

Döring, N. & Bortz, J. (2016). *Forschungsmethoden und Evaluation in den Sozial- und Humanwissenschaften* (5. Aufl.). Berlin, Heidelberg: Springer Berlin Heidelberg. https://doi.org/10.1007/978-3-642-41089-5

Döring, N. (2019). Evaluationsforschung. In: N. Baur & J. Blasius (Hrsg.). *Handbuch der empirischen Sozialforschung* (2. Aufl., S. 829-842). Wiesbaden: Springer Fachmedien Wiesbaden. https://doi.org/10.1007/978-3-658-21308-4

Ebert, H. (2019). Mit den Mitarbeitern kommunizieren. In: S. Pastoors, J. H. Becker, H. Ebert & M. Auge (Hrsg.). *Praxishandbuch werteorientierte Führung* (S. 163-180). Berlin, Heidelberg: Springer Berlin Heidelberg. https://doi.org/10.1007/978-3-662-59034-8

Eckstein, P. P. (2014). *Repetitorium Statistik* (8. Auflage). Wiesbaden: Springer Fachmedien Wiesbaden. https://doi.org/10.1007/978-3-658-05748-0

Eckstein, P. P. (2016). *Angewandte Statistik mit SPSS* (8. Auflage). Wiesbaden: Springer Fachmedien Wiesbaden. https://doi.org/10.1007/978-3-658-10918-9

Fietz, J. & Friedrichs, J. (2019). Gesamtgestaltung des Fragebogens. In: N Baur & J. Blasius (Hrsg.). *Handbuch der empirischen Sozialforschung* (2. Aufl., S. 813-828). Wiesbaden: Springer Fachmedien Wiesbaden. https://doi.org/10.1007/978-3-658-21308-4

Franzen, A. (2019). Antwortskalen in standardisierten Befragungen. In: N. Baur & J. Blasius (Hrsg.). *Handbuch der empirischen Sozialforschung* (2. Aufl., S. 843-854). Wiesbaden: Springer Fachmedien Wiesbaden. https://doi.org/10.1007/978-3-658-21308-4

Häcker, H. O. (2020). Fragebogen. In: M. A. Wirtz (Hrsg.). *Lexikon der Psychologie* (19. Aufl., S.626-627). Bern: Hogrefe Verlag.

Häder, M. (2015). *Empirische Sozialforschung* (3. Aufl.). Wiesbaden: Springer Fachmedien Wiesbaden. https://doi.org/10.1007/978-3-531-19675-6.

Häder, M & Häder, S. (2019). Stichprobenziehung in der quantitativen Sozialforschung. In: N. Baur & J. Blasius (Hrsg.). *Handbuch der empirischen Sozialforschung* (2. Aufl., S. 829-842). Wiesbaden: Springer Fachmedien Wiesbaden. https://doi.org/10.1007/978-3-658-21308-4

Hedderich, J. & Lothar, S. (2018). *Angewandte Statistik* (16. Aufl.). Berlin Heidelberg: Springer Berlin Heidelberg. https://doi.org/10.1007/978-3-662-56657-2

Hussy, W., Schreier, M. & Echterhoff, G. (2013). *Forschungsmethoden in Psychologie und Sozialwissenschaften für Bachelor* (2. Aufl.). Berlin, Heidelberg: Springer Berlin Heidelberg. https://doi.org/10.1007/978-3-642-34362-9.

Institut für Statistik (2020). Der t-, Welch- und U-Test im psychotherapiewissenschaftlichen Forschungskontext. *SFU Forschungsbulletin.* https://doi.org/10.15135/2020.8.1.87-105

Klein, J., Ringlsletter, M. & Oelert, J. (2001): Interne Kommunikation. In: D. J. Brauner, J. Leitolf, R. Raible-Besten & M. M. Weigert (Hrsg.). *Lexikon für Presse und Öffentlichkeitsarbeit* (S. 160-168). München.

Knapp, F. (2004). Aktuelle Probleme bei der Online-Forschung. *Sozialwissenschaften und Berufspraxis*, 27(1), 5-10. Verfügbar unter: https://nbn-resolving.org/urn:nbn:de:0168-ssoar-38224

Krebs, D. & Menold, N. (2019). Gütekriterien quantitativer Sozialforschung. In: N. Baur & J. Blasius (Hrsg.). *Handbuch der empirischen Sozialforschung* (2. Aufl., S. 489-504). Wiesbaden: Springer Fachmedien Wiesbaden. https://doi.org/10.1007/978-3-658-21308-4

Porst, R. (2014). *Fragebogen* (4. Aufl.). Wiesbaden: Springer Fachmedien Wiesbaden. https://doi.org/10.1007/978-3-658-02118-4.

Porst, R. (2019). Frageformulierung. In: N. Baur & J. Blasius (Hrsg.). *Handbuch der empirischen Sozialforschung* (2. Aufl., S. 829-842). Wiesbaden: Springer Fachmedien Wiesbaden. https://doi.org/10.1007/978-3-658-21308-4

Prospeschill, M. & Siegel, R. (2018). *Methoden für die klinische Forschung und diagnostische Praxis.* Berlin, Heidelberg: Springer Berlin Heidelberg. https://doi.org/10.1007/978-3-662-54726-7

Rasch, B., Friese, M., Hofmann, W., Naumann, E. (2014). *Quantitative Methoden 2* (4. Auflage). Berlin, Heidelberg: Springer Berlin Heidelberg. https://doi.org/10.1007/978-3-662-43548-9

Reinecke, J. (2019). Grundlagen der standardisierten Befragung. In: N. Baur & J. Blasius (Hrsg.). *Handbuch der empirischen Sozialforschung* (2. Aufl., S. 717-734). Wiesbaden: Springer Fachmedien Wiesbaden. https://doi.org/10.1007/978-3-658-21308-4

Reinhardt, R. & Ornau, F. (2015). *Fragebogentechnik* (2. Aufl.). Studienbrief der SRH Fernhochschule. Riedlingen.

Schäfer, T. (2016). Methodenlehre & Statistik (1. Aufl.). Wiesbaden: Springer Fachmedien Wiesbaden. https://doi.org/10.1007/978-3-658-11936-2

Schäfer, A., Schöttker-König, T. (2015). Statistik und quantitative Methoden für Gesundheitsfachberufe. Berlin, Heidelberg: Springer Berlin Heidelberg. https://doi.org/10.1007/978-3-662-45519-7

Stein, P. (2019). Forschungsdesigns für die quantitative Sozialforschung. In: N. Baur & J. Blasius (Hrsg.). *Handbuch der empirischen Sozialforschung* (2. Aufl., S. 829-842). Wiesbaden: Springer Fachmedien Wiesbaden. https://doi.org/10.1007/978-3-658-21308-4

Theobald, A. (2017). *Praxis Online-Marktforschung* (1. Aufl.). Wiesbaden: Springer Fachmedien Wiesbaden GmbH. https://doi.org/10.1007/978-3-658-10203-6

Thielsch, M. T. & Weltzin, S. (2012). Online-Umfragen und Online-Mitarbeiterbefragungen. In: M. T. Thielsch & T. Brandenburg (Hrsg.). *Praxis der Wirtschaftspsychologie II* (S. 109-127). Münster: Verlagshaus Monsenstein und Vannerdat OHG Münster.

Thielsch, M. T. & Weltzin, S. (2013). Online-Mitarbeiterbefragungen. In: M. E. Domsch, D. Ladwig (Hrsg.). *Handbuch Mitarbeiterbefragung* (3. Aufl., S. 77-94). Berlin, Heidelberg: Springer Berlin Heidelberg. https://doi.org/10.1007/978-3-642-35295-9

Wagner-Schelewsky, P. & Hering, L. (2019). Online-Befragung. In: N. Baur & J. Blasius (Hrsg.). *Handbuch der empirischen Sozialforschung* (2. Aufl., S. 787-800). Wiesbaden: Springer Fachmedien Wiesbaden. https://doi.org/10.1007/978-3-658-21308-4

Weichbold, M. (2019). Pretest. In: N. Baur & J. Blasius (Hrsg.). *Handbuch der empirischen Sozialforschung* (2. Aufl., S. 829-842). Wiesbaden: Springer Fachmedien Wiesbaden. https://doi.org/10.1007/978-3-658-21308-4

Wübbenhorst, K. (2018a). Definition: Ausschöpfungsquote. In: *Gabler Wirtschaftslexikon.* Wiesbaden: Springer Fachmedien Wiesbaden. Verfügbar unter: https://wirtschaftslexikon.gabler.de/definition/ausschoepfungsquote-51489/version-274651

Wübbenhorst, K. (2018b). Definition: Onlinebefragung. In: *Gabler Wirtschaftslexikon*. Wiesbaden: Springer Fachmedien Wiesbaden. Verfügbar unter: https://wirtschaftslexikon.gabler.de/definition/onlinebefragung-51484/version-274646